Best of Mose Allison

Cover photo: Tom Copi / Michael Ochs Archives/Getty Images

ISBN 978-1-4803-8739-3

HAL•LEONARD®
CORPORATION

7777 W. BLUEMOUND RD. P.O. BOX 13819 MILWAUKEE, WI 53213

Visit Hal Leonard Online at
www.halleonard.com

DON'T WORRY 'BOUT A THING

Words and Music by
MOSE ALLISON

_____ wor-ry 'bout a thing, _'cause I know _____ noth-in's goin' to be al - right.

Piano solo

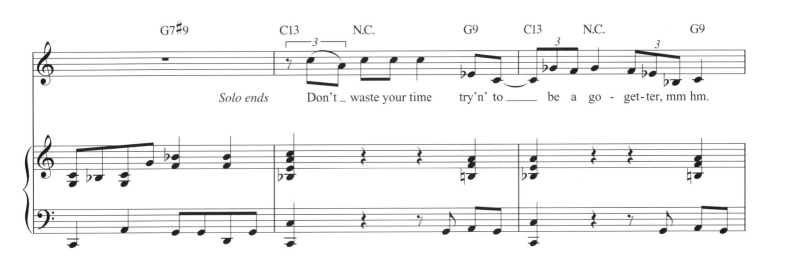

Solo ends Don't _ waste your time try'n' to _____ be a go - get-ter, mm hm.

EVERYBODY'S CRYIN' MERCY

Words and Music by
MOSE ALLISON

EYESIGHT TO THE BLIND

Words and Music by
SONNY BOY WILLIAMSON

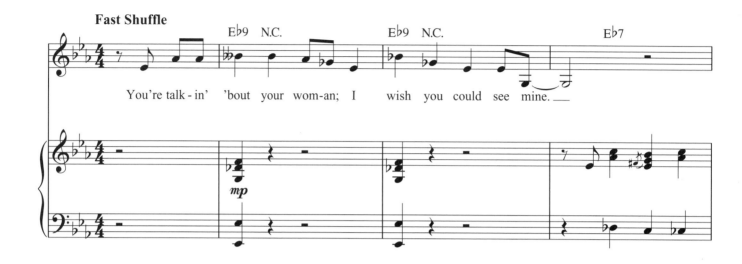

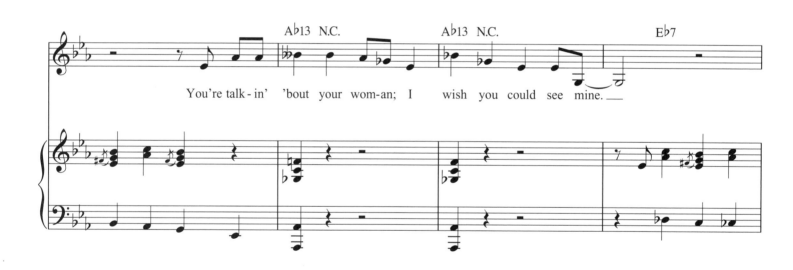

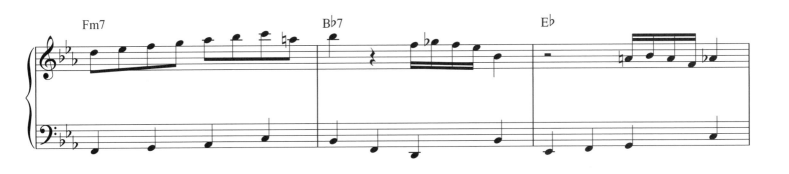

I'M NOT TALKING

Words and Music by
MOSE ALLISON

Fast Latin Jazz

I'm not

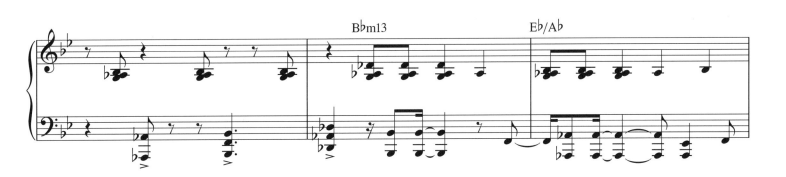

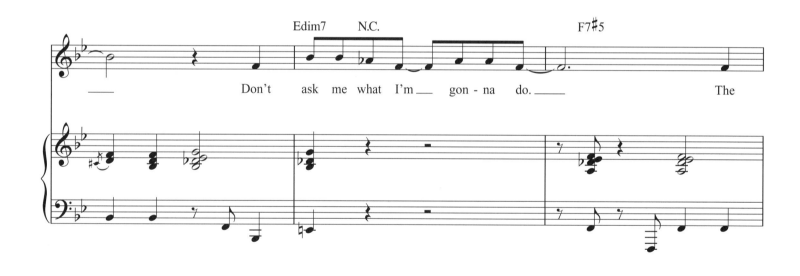

I'm not talk - in'! _____

_____ Don't ask me what I'm ___ gon - na do. _____ The

things I ___ say at mid - night I might not say in day -

LOST MIND

Words and Music by
PERCY MAYFIELD

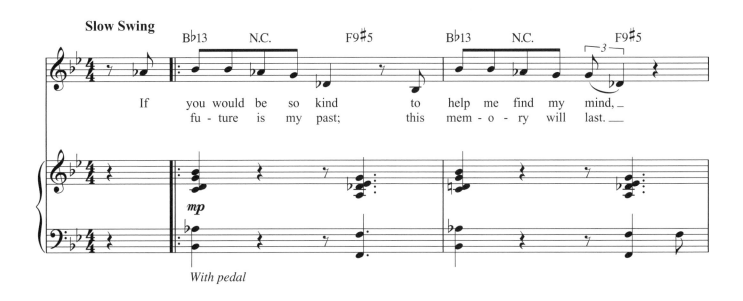

If you would be so kind to help me find my mind, __
fu - ture is my past; this mem - o - ry will last. __

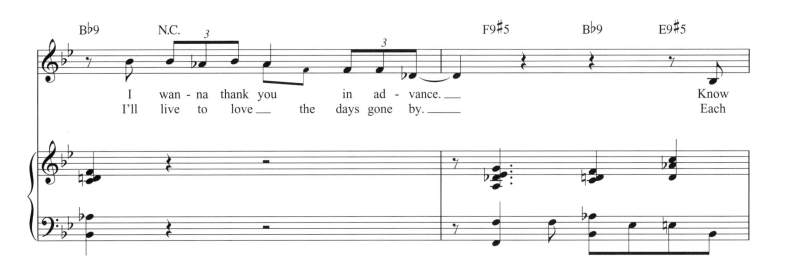

I wan - na thank you in ad - vance. __ Know
I'll live to love __ the days gone by. _____ Each

this be - fore you start: __ my soul's __ been torn a - part. I
day that come and go __ is like the one be - fore. __ My

lost my mind in a wild ro - mance.

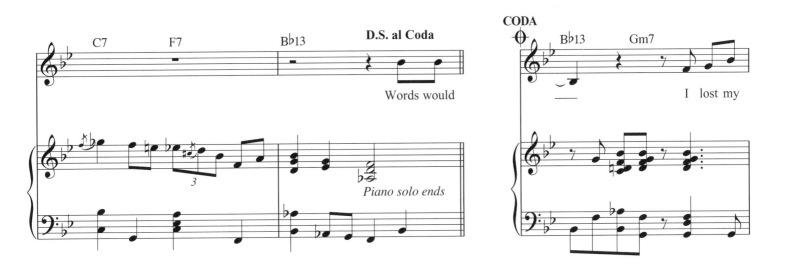

IF YOU LIVE

Words and Music by
MOSE ALLISON

Moderate Blues Shuffle

(A) well, if __ you live, your __ time will come. __
live, your __ day will come. __

I say, if __ you live, your __ time will come. __
I say, if __ you live, your __ day will come. __

So child, don't mess with that cot-ton sack; __ it's gon-na
So child, don't play with those pots and pans; __ they gon-na

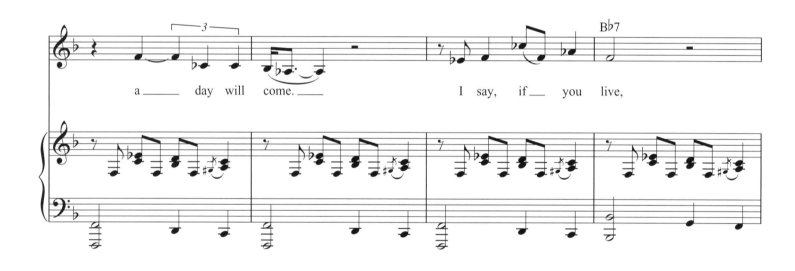

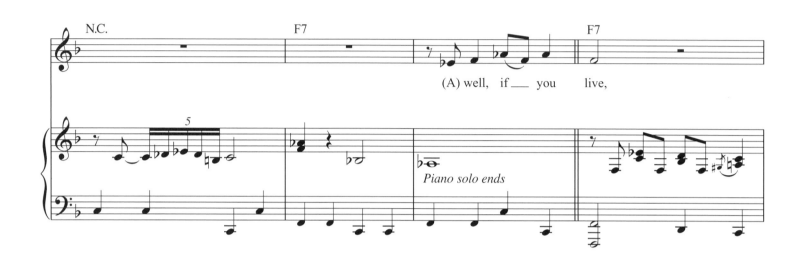

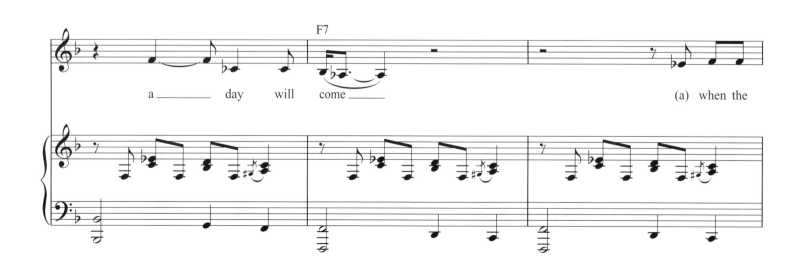

LOOK HERE

Words and Music by
MOSE ALLISON

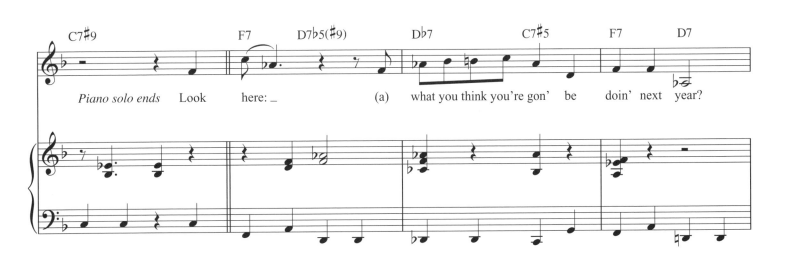

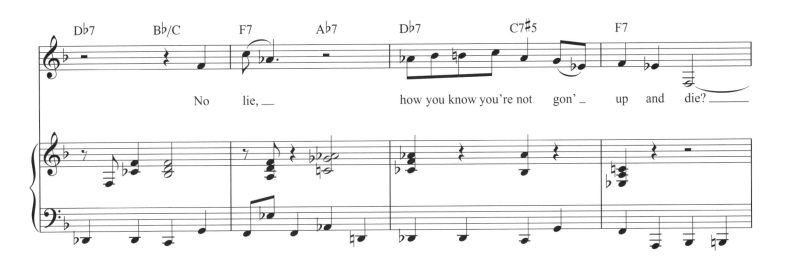

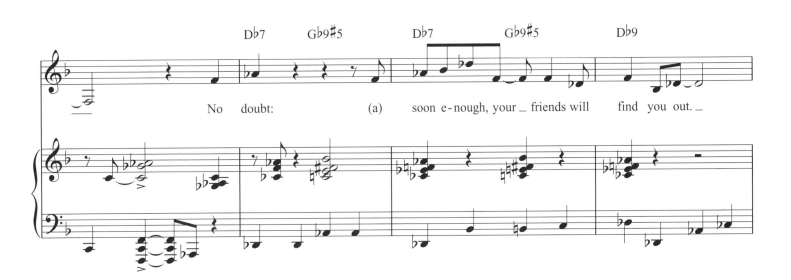

Take care; _ you know, you might not have much time _ to spare.

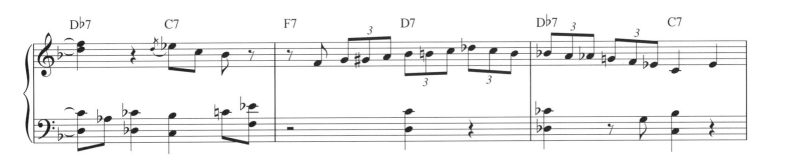

MY BRAIN

Words and Music by
MOSE ALLISON

My brain;   cool lit - tle clus - ter, that's   my brain.

my brain.

Guitar solo

Guitar solo ends

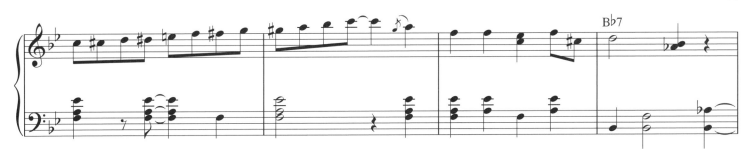

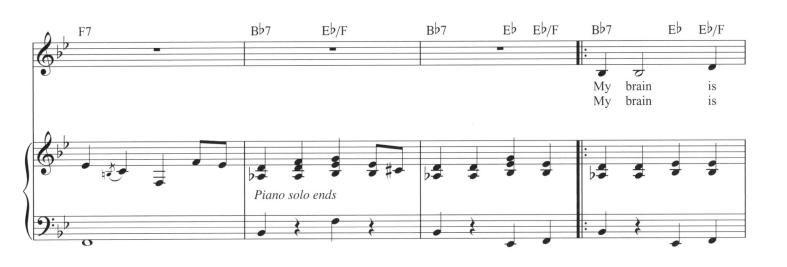

My brain is
My brain is

Piano solo ends

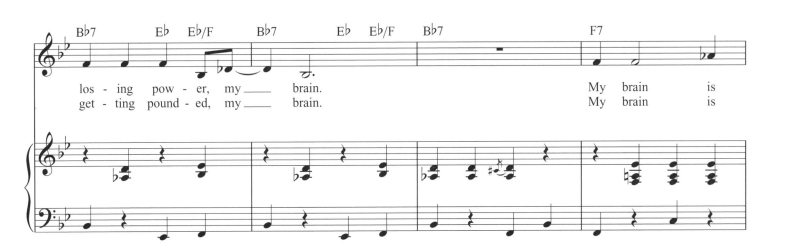

los - ing pow - er, my ___ brain.
get - ting pound - ed, my ___ brain.

My brain is
My brain is

42

THE SEVENTH SON

Written by
WILLIE DIXON

Moderately fast (even eighths)

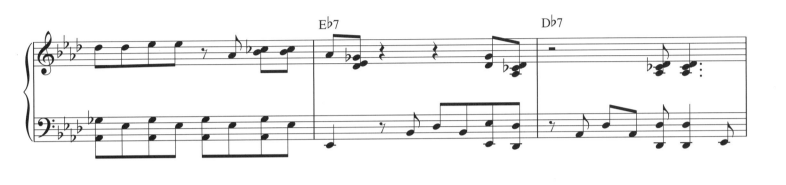

ONE ROOM COUNTRY SHACK

Words and Music by
MERCY WALTON

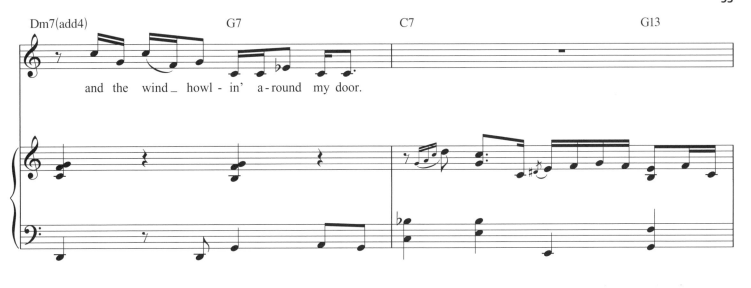

and the wind＿ howl - in' a - round my door.

Piano solo

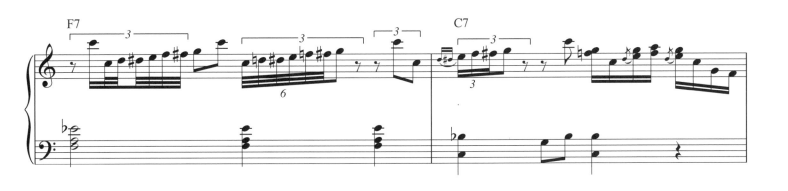

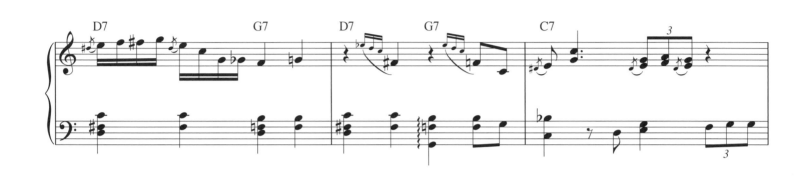

Piano solo ends I'm gon-na leave here ear - ly in the morn-ing;

I'm _ 'bout to go out of my mind.　　　　I'm gon-na leave here

PARCHMAN FARM

Words and Music by
MOSE ALLISON

Well, I'm-a

sit - tin' o - ver here on Parch - man Farm, _ and I ain't nev - er done no

man no harm. _

Well, I'm put-tin' that cot-ton in a 'lev-en foot sack.

Well, I'm put-tin' that cot-ton in a

'lev-en foot sack.

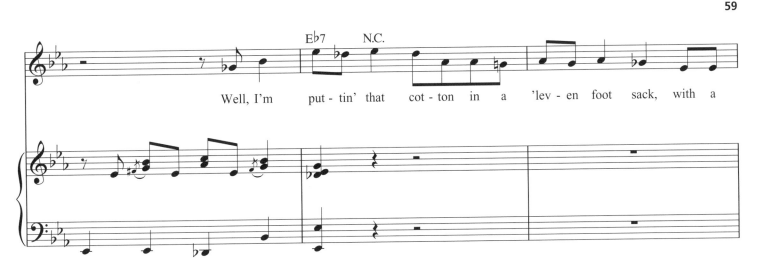

Well, I'm put - tin' that cot - ton in a 'lev - en foot sack, with a

twelve guage shot - gun at my back.

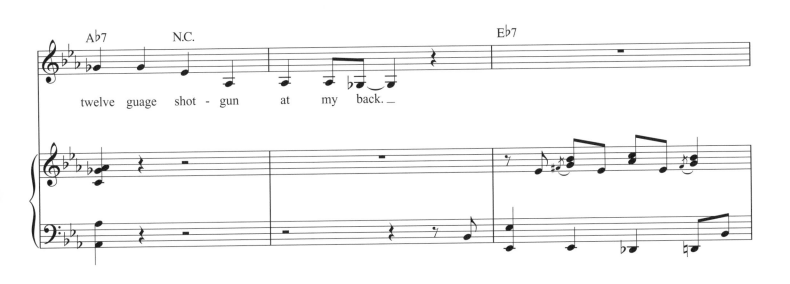

Piano solo

Well, I'm-a sit-tin' o-ver here on

Num-ber Nine,_ and all I did was drink my wine._

Freely and much slower

SMASHED

Words and Music by
MOSE ALLISON

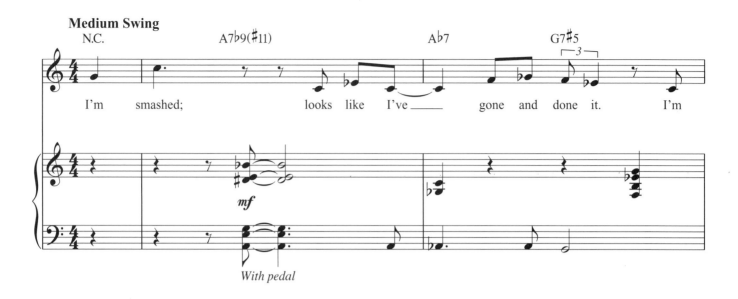

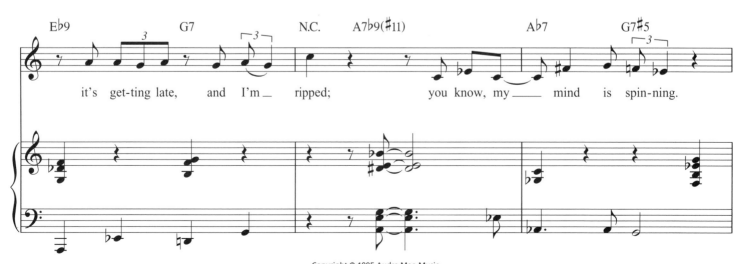

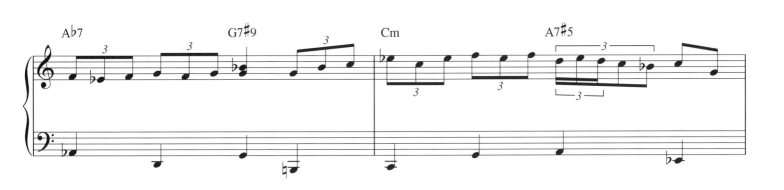

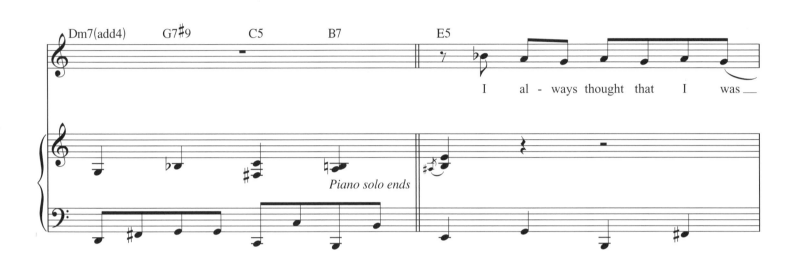

I al-ways thought that I was __

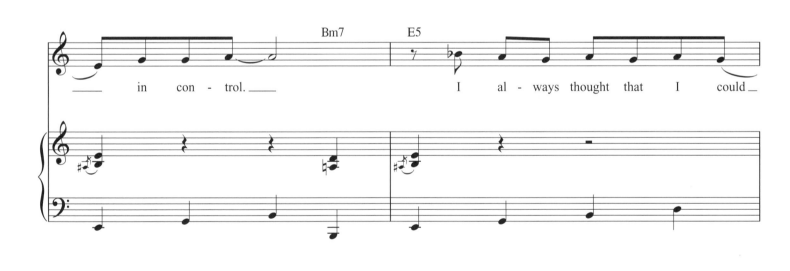

__ in con-trol. __ I al-ways thought that I could __

__ reach my goal. __ Now I'm __ star-ing at my __ emp-ty cup; will the

STOP THIS WORLD

Words and Music by
MOSE ALLISON

Slow Blues

Stop this world! _____ Let me off. ___ There's _
Stop this show! _____ Hold the phone! _

___ just _ too man-y pigs in the _ same trough. There's too man y buz-zards sit-ting _
Bet - ter days _ this _ lad has known, bet - ter days _ so _

___ on the fence. _   Stop this world, it's not _ mak-ing sense.
___ long a - go.

Deal me out. I _____ know too well what it's all ___ a-bout.

I know too well that it _____ had to be. ___ Stop this game, you know it's

ruin-ing me. ___

Piano solo

YOUNG MAN BLUES

Words and Music by
MOSE ALLISON

Quickly, with freedom

Ah well, a young man _____ ain't ___

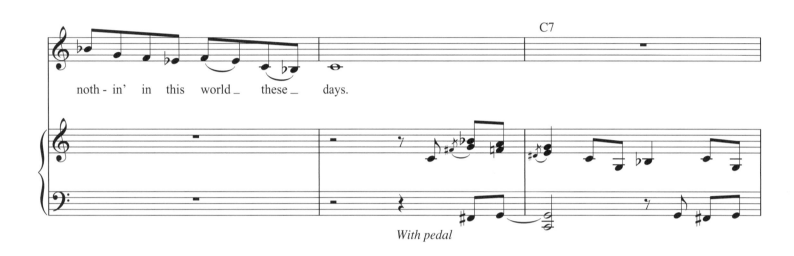

noth-in' in this world _ these _ days.

With pedal

I said, a

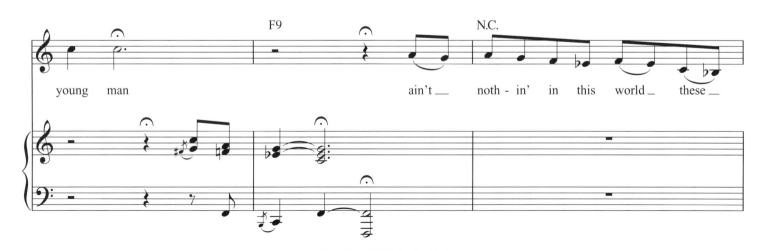

young man ain't _ noth-in' in this world _ these _

Tempo I

back when the young man ___ walked by.

Slowly and freely

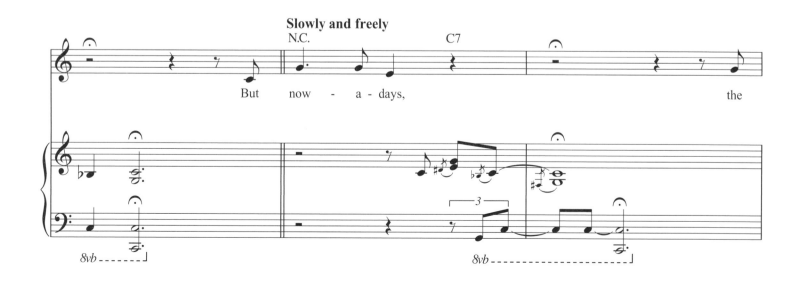

But now - a - days,   the

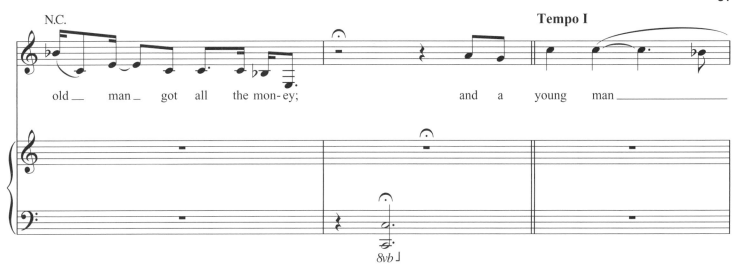

old __ man __ got all the mon-ey; and a young man _____

__ ain't __ noth - in' in this world __ these __ days.

YOUR MIND IS ON VACATION

Words and Music by
MOSE ALLISON

Moderate Blues

You're sit-tin' there yack-in' right in my face; — I

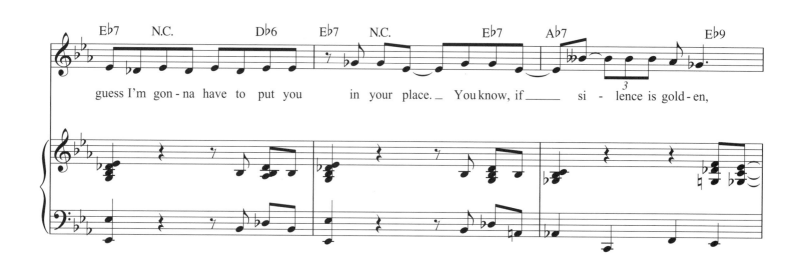

guess I'm gon-na have to put you in your place. — You know, if ___ si - lence is gold-en,

you ___ could-n't raise a dime, ___ be-cause your

Piano Solo

Piano Solo ends You know that __